山东省农村公路建设与养护技术指南丛书

Shandong Sheng Nongcun Gonglu Jianshe yu Yanghu Jishu Zhinan

山东省农村公路建设与养护技术指南

Di-yi Fence　　Luxian Sheji

第一分册　路线设计

山东省交通运输厅

人民交通出版社股份有限公司
China Communications Press Co.,Ltd.

内 容 提 要

本书为《山东省农村公路建设与养护技术指南》路线设计分册，系在现行相关标准、规范基础上，总结山东省多年实践经验及成果编制而成，内容涉及公路等级、设计速度、路基宽度及车道数、平纵断面线形、公路建筑界限、视距、避险车道、观景平台、平面交叉以及与各类管线交叉等。本指南对于农村公路正确运用技术标准，合理确定公路等级、建设规模、主要技术指标，有很好的指导作用。

本书适用于山东省农村公路新建及改建的设计、养护工作，也可供其他省份相关管理与技术人员参考使用。

图书在版编目(CIP)数据

山东省农村公路建设与养护技术指南. 第1分册，路线设计 / 山东省交通运输厅组织编写. —北京：人民交通出版社股份有限公司，2014.11

ISBN 978-7-114-11860-9

Ⅰ.①山… Ⅱ.①山… Ⅲ.①农村道路—公路养护—山东省—指南 ②农村道路—公路养护—山东省—指南 ③农村道路—公路线形—线形设计—山东省—指南 Ⅳ.①U41-62

中国版本图书馆CIP数据核字(2014)第275143号

山东省农村公路建设与养护技术指南丛书

书　　名： 山东省农村公路建设与养护技术指南　第一分册　路线设计

著 作 者： 山东省交通运输厅

责任编辑： 郑蕉林　李　娜

出版发行： 人民交通出版社股份有限公司

地　　址： (100011)北京市朝阳区安定门外外馆斜街3号

网　　址： http://www.ccpress.com.cn

销售电话： (010)59757973

总 经 销： 人民交通出版社股份有限公司发行部

经　　销： 各地新华书店

印　　刷： 北京市密东印刷有限公司

开　　本： 880×1230　1/16

印　　张： 2

字　　数： 41千

版　　次： 2016年1月　第1版

印　　次： 2016年1月　第1次印刷

书　　号： ISBN 978-7-114-11860-9

定　　价： 10.00元

(有印刷、装订质量问题的图书由本公司负责调换)

山东省交通运输厅关于发布《山东省农村公路建设与养护技术指南(试行)》的通知

鲁交建管函〔2015〕25号

各市交通运输局(委)、厅直有关单位:

为进一步加强全省农村公路技术支持和业务指导,提升农村公路建设和养护工作水平,经省厅研究同意,现发布《山东省农村公路建设与养护技术指南(试行)》,自2016年1月1日起执行。

请各有关单位在实践中注意积累资料,总结经验,及时将发现问题和修改意见函告省厅建设管理处(地址:济南市市中区舜耕路19号,邮编:250002,电话:0531-85693057),以便修订时研用。

山东省交通运输厅

2015年12月11日

前　言

农村公路是支撑农业和农村经济社会发展的重要基础设施，加快农村公路建设是改善农村生产、生活条件，发展农村经济，解“三农”问题的基础和前提。农村公路的建设对于推动农村经济社会又好又快发展具有极其重要的现实意义和深远的历史意义。

加快农村公路建设是山东省“十三五”交通工作的重要组成部分。为了提高农村公路建设养护技术水平，确保农村公路建设和服务质量，山东省交通运输厅结合本省农村公路建设和养护实际情况组织编写了本书。

本书全面系统地介绍了农村公路路线设计的基本知识、技术要点。全书内容涵盖了公路等级、设计速度、路基宽度及车道数、平纵断面线形、公路建筑界限、视距、避险车道、观景平台、平面交叉以及与各类管线交叉等方面。本书内容丰富，图文并茂，重在实用性和可操作性，主要供基层公路设计、施工管理、技术人员使用。

在本书编写过程中，尽管我们作了很大努力，但由于全省各地区差异很大，很难全面吸收各单位的新工艺、新技术、新设备、新材料以及相关实用技术，加之作者水平有限，经验不足，时间紧迫，疏漏和错误之处在所难免，敬请读者批评指正。

主编单位：山东省交通规划设计院、山东交通学院、山东大学

主要编写人员：毕玉峰、刘培刚、杨玉涛、李超、庞传琴、孟涛、张宏博、刘振广、宋修广、刘伟、马川义、王健、陆岩、王玉兰、李春良

主要编审人员：于洪亮、高立平、张晓虎、王林、侯德藻、贾强、古成浩

主要技术支持人员：姚福林、胡振虎、赵子义、黄绍锋、王建华、张 浩、邵学良、孙开森、许维智、张世武、赵 勇、王焕杰、刘 波、姜晓艳、张广池、刘亚坤、郭启锋、王杰伟、钟竹林、郭忠启、陈祥金、卜照传、陈建华、郭 英、类延军、贾大新、刘东海、荆平平、田身泉、朱子坤、贾兵厂、张玉珊、高 辉

编　者

2015 年 12 月

目　　录

第1章　总则

1.1　目的

为加强山东省农村公路建设与养护的技术指导，正确运用技术标准，合理确定公路等级、建设规模、主要技术指标，根据公路勘测相关技术规范，结合山东省农村公路建设实际，制定本指南。

1.2　适用范围

本指南适用于山东省县道、乡道、村道等各级农村公路新建及改建的设计、养护工作。

1.3　编制依据

(1)《公路工程技术标准》(JTG B01—2014)。
(2)《公路路线设计规范》(JTG D20—2006)。
(3)《公路勘测规范》(JTG C10—2007)。
(4)《公路勘测细则》(JTG/T C10—2007)。
(5)《公路项目安全性评价指南》(JTG/T B05—2004)。

1.4　总体要求

(1)农村公路建设应按地区特点、交通特性、路网结构、农田水利建设、城镇规划等综合分析确定公路的功能，根据功能结合交通量、地形条件等合理确定路线走向及走廊带、技术等级和主要技术指标。

(2)农村公路建设应做好总体设计，使主体工程与交通工程及沿线设施相互协调配套，充分发挥各自功能和项目的整体功能。

(3)路线选定应根据地形、地物条件，并在对工程地质、水文地质、山地自然灾害、筑路材料、生态环境、自然景观等进行充分调查的基础上，结合沿线小区域气候特征进行方案研究，以选定路线线位、主要平纵面技术指标。

(4)线形设计应综合考虑公路平面、纵断面、横断面三者之间的关系，做到平面顺适、纵面均衡、横断面合理。必要时可运用公路透视图进行道路景观分析与评价。

(5)应注重线形设计,使之在视觉上诱导视线,在心理上感到舒适和安全,并保持线形的连续性,且同沿线环境相协调。速度不同的设计路段相衔接处,或因条件制约受限制路段,宜采用运行速度进行检验,以改善平纵线形技术指标或采用必要的交通安全技术、管理措施。

(6)路线设计必须贯彻执行加强环境保护和合理利用土地资源,在确定路基、路面、桥涵、隧道、交叉、交通工程及沿线设施等的布设中,应减少对环境造成的影响,并结合绿化或采取相应的工程措施,与沿线自然环境相配合,提高公路环境质量。

(7)农村公路一般不宜采取分期修建,受地形、地质、地物限制较大时,可采用分幅修建。

(8)农村公路改扩建时,应对改扩建方案和新建方案进行论证比选。采用改扩建方案时,应符合下列规定:

①应遵照利用与改造相结合的原则,按照相应公路等级的要求,合理、充分地利用原有工程。

②因地形地物的限制,利用现有公路局部路段提高设计速度将诱发工程地质病害、大幅增加工程造价或对保护环境、文物有较大影响时,该局部路段设计速度可维持原设计速度,但其长度一、二级公路不宜大于10km。

③一、二级公路改扩建时,应减少对既有公路的干扰,应作保通设计方案。

④地形、地质条件较好、利用现有二级公路改建为一级公路的半幅时,其设计洪水频率可维持原标准不变,设计速度不宜大于80km/h。

(9)行人密集路段宜考虑非机动车道和行人的交通需求,可根据交通组成情况设置非机动车道和人行道。

(10)二级及二级以上的干线公路应在设计时进行交通安全评价,其他公路在有条件时也可进行交通安全评价。

(11)有救灾通道功能需求的二级及二级以下公路,可相应提高抗震及设计洪水频率标准。

(12)农村公路建设项目,应根据设计使用年限综合考虑建设、养护、管理等成本效益和安全、环保、运营等社会效益,选用综合效益最佳方案。

(13)农村公路勘察设计、养护、施工,除应符合本指南外,还应符合国家、交通运输部等颁布的规范、标准的要求。

第2章　术语

2.0.1　公路改扩建

在现有公路的基础上，为提高技术等级、通行能力或改善技术指标而进行的公路建设工程，包括公路的改建、扩建等。

2.0.2　公路功能

公路在路网中为车辆出行提供畅通直达、汇集疏散和出入通达的交通服务能力。主要干线公路和次要干线公路具有畅通直达的功能，主要集散公路和次要集散公路具有汇集疏散的功能，支线公路具有出入通达的功能。

2.0.3　交通量预测

根据交通调查资料和发展规律，结合交通吸引、转移的分析等，推算地区、路线或路段等未来交通量的工作。

2.0.4　设计通行能力

相应设计服务水平下，公路设施通过车辆的最大小时流率。

2.0.5　服务水平

驾驶员感受公路交通流运行状况的质量指标，通常用平均行驶速度、行驶时间、驾驶自由度和交通延误等指标表征。

2.0.6　设计速度

确定公路设计指标并使其相互协调的设计基准速度。

2.0.7　运行速度

路面平整、潮湿，自由流状态下，行驶速度累计分布曲线上对应于85%分位值的速度。

2.0.8　限制速度

对公路上行驶的车辆规定的允许速度的限制。

2.0.9　设计车辆

公路几何设计所采用的代表车型，其外轮廓尺寸、载质量和动力性能是确定公路几何参数的主要依据。

2.0.10　道路选线

根据路线基本走向和技术标准，结合地形、地质条件，考虑安全、环保、土地利用和施工条件以及经济效益等因素，通过全面比较选择路线方案的全过程。

2.0.11　线形设计

路线立体形状及其相关诸因素的综合设计。

2.0.12　平面线形

道路中线在水平面上的投影形状。

2.0.13　纵面线形

道路中线在纵剖面上的起伏形状。

2.0.14　最小平曲线半径

在规定的计算行车速度、超高横坡度及路面摩擦系数等条件下，保证汽车行驶在道路曲线部分时，产生的离心力等横向力不超过轮胎与路面摩阻力所允许的界限，并使乘客人员感觉良好的曲线半径。

2.0.15　平均纵坡

含若干坡段的路段两端点的高差与该路段长度的比值。

2.0.16　横坡

路幅和路侧带各组成部分的横向坡度。指路面、分隔带、人行道、绿化带等的横向倾斜度，以百分率表示。

2.0.17　路拱

路拱所采用曲线的线形，由抛物线、直线和折现等线形组成。

2.0.18　车行道

道路上供机动车和非机动车行驶的部分。

2.0.19　爬坡车道

设置在道路上坡路段，供慢速上坡车辆行驶的车道。

2.0.20 避险车道

在行车道外侧增设的、供制动失效车辆驶离、减速停车、自救的专用车道。

2.0.21 错车道

在单车道道路上，可通视的一定距离内，供车辆交错避让用的一段加宽车道。

2.0.22 硬路肩

与行车道相连，具有一定路面强度的带状部分。主要用于：为行车提供侧向余宽，为路面结构提供横向保护，为故障车辆紧急停车提供全部或部分宽度等。

2.0.23 设计使用年限

在正常设计、正常施工、正常使用和正常养护条件下，路面、桥涵、隧道结构或结构构件不需进行大修或更换，即可按其预定目的使用的年限。

第3章　基本规定

3.1　农村公路分级

3.1.1　农村公路可分为一级公路、二级公路、三级公路、四级公路以及等外公路五个技术等级。

(1)一级公路为供汽车分方向、分车道行驶，可根据需要控制出入的多车道公路。一级公路年平均日设计交通量宜在15 000辆小客车以上。

(2)二级公路为供汽车行驶的双车道公路。二级公路的年平均日设计交通量宜为5 000～15 000辆小客车。

(3)三级公路为供汽车、非汽车交通混合行驶的双车道公路。三级公路的年平均日设计交通量宜为2 000～6 000辆小客车。

(4)四级公路为供汽车、非汽车交通混合行驶的双车道或单车道公路。双车道四级公路年平均日设计交通量宜在2 000辆小客车以下；单车道四级公路年平均日设计交通量宜在400辆小客车以下。

(5)等外公路为供农用汽车、非汽车交通混合行驶的双车道或单车道公路。等外公路年平均日设计交通量宜在200辆小客车以下。

3.1.2　农村公路技术等级的选用应遵循下列原则：

(1)农村公路技术等级选用应根据路网规划、城镇规划、公路功能，并结合交通量论证确定。

(2)主要集散公路应选用一、二级公路。

(3)次要集散公路宜选用二、三级公路。

(4)支线公路宜选用三、四及等外公路。

3.2　设计车辆

3.2.1　农村公路设计所采用的设计车辆外轮廓规定如表3-1所示。

设计车辆外廓尺寸　　表 3-1

车辆类型	总长(m)	总宽(m)	总高(m)	前悬(m)	轴距(m)	后悬(m)
小客车	6	1.8	2	0.8	3.8	1.4
大型客车	13.7	2.55	4	2.6	6.5 + 1.5	3.1
铰接客车	18	2.5	4	1.7	5.8 + 6.7	3.8
载重汽车	12	2.5	4	1.5	6.5	4
铰接列车	18.1	2.55	4	1.5	3.3 + 11	2.3

3.3　交通量

3.3.1　新建和改扩建公路的设计交通量预测应符合下列规定：

(1)一级公路设计交通量预测年限为 20 年;二、三级公路设计交通量预测年限为 15 年;其他等级公路可根据实际情况确定。

(2)设计交通量预测的起算年为该项目可行性研究报告中的计划通车年。

3.3.2　交通量换算采用小客车为标准车型。各汽车代表车型及车辆折算系数规定如表 3-2 所示。拖拉机和非机动车等交通量换算应符合下列规定：

各汽车代表车型及车辆折算系数　　表 3-2

汽车代表车型	车辆折算系数	说　明
小客车	1.0	座位≤19 座的客车,载质量≤2t 的货车
中型车	1.5	座位 >19 座的客车,2t < 载质量≤72t 的货车
大型车	2.5	7t < 载质量≤20t 的货车
汽车列车	4.0	载质量 >20t 的货车

(1)畜力车、人力车、自行车等非机动车按路侧干扰因素计。

(2)公路上行驶的拖拉机每辆折算为 4 辆小客车。

(3)公路通行能力分析所要求的车辆折算系数应针对路段、交叉口等形式,按不同的地形条件和交通需求,采用相应的折算系数。

3.4　服务水平

3.4.1　农村公路的服务水平采用 V/C 值来衡量道路拥挤程度,作为评价服务水平的主要指标。

3.4.2　农村公路的服务水平应不低于表 3-3 规定,并应符合下列规定：

农村公路设计服务水平　表3-3

公路等级	一级公路	二级公路	三级公路	四级公路	等外公路
服务水平	三级	三级	四级	—	—

(1)一级公路作集散公路时,设计服务水平可降低一级。

(2)长隧道及特长隧道路段、非机动车及行人密集路段,设计服务水平可降低一级。

3.5　设计速度

3.5.1　农村公路的设计速度应符合表3-4的规定。设计速度的选用应根据公路的功能与技术等级,结合地形、工程经济、预期的运行速度和沿线土地利用性质等因素综合论证确定,并应符合下列规定:

设计速度　表3-4

公路等级	一级公路			二级公路		三级公路		四级公路		等外公路
设计速度(km/h)	100	80	60	80	60	40	30	30	20	20

(1)作为干线的一级公路设计速度宜采用100km/h,受地形、地质等条件的限制,可以采用80km/h。作为集散的一级公路,设计速度宜采用80km/h;受地形、地质等条件限制,可采用60km/h。

(2)作为干线的二级公路,设计速度宜采用80km/h;受地形、地质等条件的限制,可以采用60km/h。作为集散的二级公路,设计速度宜采用60km/h;受地形、地质等条件限制,可采用40km/h。

(3)三级公路设计速度宜采用40km/h;受地形、地质等条件的限制,可采用30km/h。

(4)四级公路设计速度宜采用30km/h;受地形、地质等条件的限制,可采用20km/h。

(5)等外公路设计速度宜采用20km/h;受地形、地质等条件的限制,可根据具体情况确定。

3.5.2　公路设计应采用运行速度进行检验。相邻路段运行速度之差应小于20km/h,同一路段运行速度与设计速度之差宜小于20km/h。

3.5.3　公路限制速度应根据设计速度、运行速度及路侧干扰与环境等因素综合论证确定。

3.6　建筑界限

农村公路的建筑界限应符合图3-1的规定,并应符合下列规定:

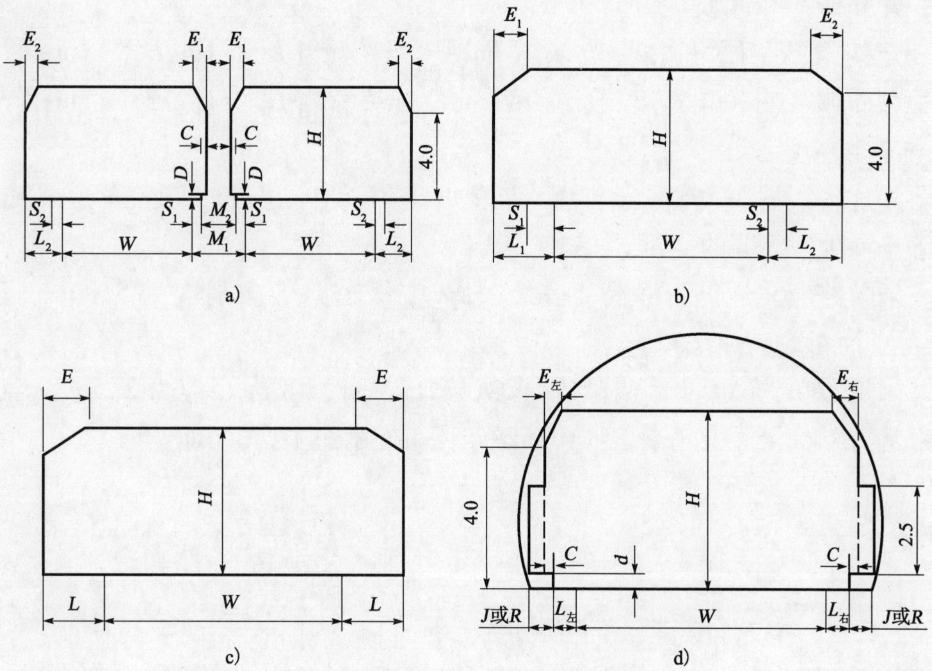

图 3-1　农村公路的建筑界限(尺寸单位:m)

a)一级公路(整体式断面);b)一级公路(分离式断面);c)二、三、四级及等外公路;d)公路隧道

图中:

W——行车道宽度;

L_1——左侧硬路肩宽度;

L_2——右侧硬路肩宽度;

S_1——左侧路缘带宽度;

S_2——右侧路缘带宽度;

L——侧向宽度。二级公路的侧向宽度为硬路肩宽度。三、四级及等外公路的侧向宽度为路肩宽度减去 0.25m。设置护栏时,应根据护栏需要的宽度加宽路基;

$L_左$——隧道内左侧侧向宽度;

$L_右$——隧道内右侧侧向宽度;

C——当设计速度大于 100km/h 时为 0.5m,小于或等于 100km/h 时为 0.25m;

D——路缘石高度,小于或等于 0.25m。

M_1——中间带宽度;

M_2——中央分隔带宽度;

J——检修道宽度;

R——人行道宽度:

d——检修道或人行道高度:

E——建筑限界顶角宽度,当 $L \leqslant 1$m 时,$E = L$;当 $L > 1$m 时,$E = 1$m;

E_1——建筑限界顶角宽度,当 $L_1 \leqslant 1$m 时,$E_1 = L_1$,或 $S_1 + C < 1$m 时,$E_1 = S_1 + C$;当 $L_1 \geqslant 1$m 或 $S_1 + C \geqslant 1$m 时,$E_1 = 1$m;

E_2——建筑限界顶角宽度，$E_2=1\text{m}$；

$E_{左}$——建筑限界左顶角宽度，当 $L_{左}\leqslant 1\text{m}$，$E_{左}=L_{左}$；当 $L_{左}>1\text{m}$，$E_{左}=1\text{m}$；

$E_{右}$——建筑限界右顶角宽度，当 $L_{右}\leqslant 1\text{m}$，$E_{右}=L_{右}$；当 $L_{右}>1\text{m}$，$E_{右}=1\text{m}$；

H——净空高度。

（1）设置加（减）速车道、紧急停车带、爬坡车道、错车道、慢车道、车道隔离设施等路段，行车道应包括该部分的宽度。

（2）一条公路应采用同一净高。一级公路、二级公路的净高应为5.00m；三级及以下公路的净高应为4.5m。

（3）人行道、自行车道、检修道与行车道分开设置时，其净高应为2.5m。

（4）路基、桥梁、隧道相互衔接处，其建筑限界应按过渡段处理。

3.7　抗震

农村公路的抗震设计应符合下列规定：

（1）地震动峰值加速度系数小于或等于0.05地区的公路工程，除有特殊要求外，可采用简易设防。

（2）地震动峰值加速度系数大于0.05、小于0.40地区的公路工程，应进行抗震设计。

（3）地震动峰值加速度系数大于或等于0.40地区的公路工程，应进行专门的抗震研究和设计。

（4）做过地震小区划地区的公路工程，应按主管部门审批的地震动峰值加速度系数进行抗震设计。

第4章　路线

4.1　一般规定

(1)路线走廊带应考虑走廊带内各种运输体系及不同层次路网间的分工与配合,据以统筹规划、近远期结合、合理布局,充分发挥和提高公路总体综合效益。

(2)公路选线必须由面到带、由带到线,在对地形地貌、地质水文、气候气象、自然保护区等调查与勘察的基础上论证、确定路线方案。

(3)路线线位应考虑同农田与水利建设、城镇规划的配合,尽可能避让不可移动的文物、水源与自然保护区,保护环境且同当地景观相协调。

(4)各级公路应做好总体设计,正确处理公路与相关路网、交通节点的关系。合理设置各类出入口、交叉和构造物,各类构造物的选型与布置应合理、实用、经济。

(5)路线设计应根据公路功能、技术等级和地形等条件,恰当选取设计速度,合理确定公路断面布置形式,正确运用各类技术指标,注意平纵线形组合、保持线形连续均衡,在确保行驶安全的前提下,满足舒适、环保与经济等要求。

4.2　公路等级

农村公路应因地制宜,根据道路功能定位、交通量需求、地形、地物、地质等,合理选择技术等级,以满足预期需要。公路等级的选用,直接关系到道路的主要技术标准、工程规模、工程投资,关系到道路建成后的功能发挥、通行能力及服务水平,因此应在对道路进行功能定位、技术标准、服务水平、工程量、工程投资等综合论证比选的基础上,合理确定拟建道路的技术等级。

农村公路等级可根据实际情况和基本需求,采用一级公路、二级公路、三级公路、四级公路以及等外公路。有条件时,应尽量采用较高的公路等级和较高的技术指标,或为未来道路升级改造预留条件,切不可只顾当前利益,留下遗憾。

4.3　路基宽度

公路路基宽度为车道宽度与路肩宽度之和,当设有中间带、加(减)车道、爬坡车道、紧急停车带、超车道、错车道、慢车道、侧分隔带、非机动车道、人行道等时,应计入这些部分的宽度。

等级公路路基宽度应根据道路功能定位、技术标准、规范的要求确定，使得建成后的道路路基宽度能够满足发挥道路预期功能、安全行车的需要，对于局部路段，可根据实际情况，适当调整和变化，切不可变化随意，过渡急促，特殊情况下应确保行车识别和行车安全。等外公路路基宽度，应按照地形、地物、用地等情况，因地制宜，合理选用，一般以4.5 ~8.5m 为宜，对路基宽度局部变化的，应设置必要的过渡段和标志，做好提示、警示作用，杜绝视觉盲区和行车隐患。

有条件的路段，可根据地形、地物情况设置休息亭、观景台、小卖部、厕所等，供驾乘人员适当休息，观赏自然风光，购买食品、土特产等，创造出一种人、车、路、自然环境和谐共处的氛围，充分发挥道路预期功能要求，提高道路的行车舒适性。

4.3.1　车道宽度

农村公路的车道宽度，一般应根据道路设计速度，并考虑交通特性、车道数等综合确定，车道宽度应符合表4-1 的规定，并符合下列规定：

车 道 宽 度　　表4-1

设计速度(km/h)	100	80	60	40	30	20
车道宽度(m)	3.75	3.75	3.50	3.50	3.25	3.00

(1)八车道及以上公路在内侧车道(内侧第1、2 车道)仅限小客车通行时，其车道宽度可采用3.5m。

(2)以通行中、小客运车辆为主且设计速度为80km/h 及以上的公路，经论证车道宽度可采用3.5m。

(3)四级及以下公路采用单车道时，车道宽度应采用3.5m。

(4)设置慢车道的二级公路，慢车道宽度应采用3.5m。

(5) 需要设置非机动车道和人行道的公路，非机动车道和人行道等的宽度，宜视实际情况确定。

4.3.2　车道数

农村公路各路段车道数应根据设计交通量、设计通行能力确定，当车道数为双车道以上时，应按双数增加。

农村公路除一级公路外，车道数尽量以双车道及以上为宜，车道数太多，工程量将增加较大，经济性较差，且造成较大浪费；车道数太少，道路的服务水平较差，不利于行车安全。部分受限制路段，也可采用单车道，但应做好车道数变化的过渡和警示，确保行车识别和安全。设置单车道路段，应在不大于300m 的距离内，选择有利地点，设置错车道，设置错车道的路段，路基宽度不小于6.5m，有效长度应不小于20m，便于错车或等待。

农村公路车道数应符合表4-2 的规定。

农村公路车道数　　表4-2

公路等级	一级公路	二级公路	三级公路	四级及等外公路
车道数	≥4	2	2	2(1)

四级及等外公路一般应采用双车道,交通量小或困难路段可采用单车道,但必须设置完善的过渡段、预告标志、护栏、警示设施等,并满足行车识别所需的视距要求。

4.3.3　中间带宽度

(1)中央分隔带类型

农村公路为一级公路时,必须设置中间带。中间带由中央分隔带和两侧路缘带组成。中央分隔带可采用植物防眩型、隔离设施型。

植物防眩型中央分隔带有混凝土路缘石围起、中间填入种植土,种植灌木防眩,间隔种植花草、表面铺设草皮,景观效果较好,城镇附近的一级公路宜采用该类型的中央分隔带。

隔离设施型中央分隔带路面全部硬化,沿中央分隔带位置设置防撞护栏、隔离栏杆等防撞隔离设施,以分隔对向行车。

(2)中央分隔带宽度

一级公路的中央分隔带宽度应根据公路项目中央分隔带功能确定,一般不小于2m,以满足埋设管线、设置防眩板、种植灌木、埋设防撞护栏的需要。有条件时中央分隔带宽度可采用2~15m,并采用4:1~6:1向中央倾斜的斜坡,以利排水。

当中央分隔带采用防撞护栏、隔离栏杆、无须埋设管线时,其宽度可采用1m。

(3)中央分隔带开口

中央分隔带应设置开口,开口间距一般不大于2km,长度不宜大于40m。开口位置应设置在通视良好的路段,若开口设置于曲线路段,该圆曲线的超高值不宜大于3%。中央分隔带开口处应设置活动护栏。

中央分隔带宽度小于3m时,开口端部可采用半圆形;中央分隔带宽度大于等于3m时,开口端部宜采用弹头型。

(4)左侧路缘带

中央分隔带两侧的路缘带宽度由设计速度确定,受地形、地物限制的路段或多车道公路内侧车道仅限小客车通行的路段,左侧路缘带可论证采用0.50m。左侧路缘带宽度不应小于表4-3的规定。

左侧路缘带宽度　　表4-3

设计速度(km/h)	100	80	60
左侧路缘带宽度(m)	0.75	0.5	0.5

4.3.4　路肩

农村公路应设置适当宽度的路肩,提供侧向宽度,弥补道路宽度的不足,同时保护路面，提高路面耐久性。路肩包括左侧硬路肩、右侧硬路肩、土路肩等。

土路肩设置应结合地形、地物情况全线基本一致，条件受限路段可灵活设置，其宽度可不统一，但最小不得小于0.25m。有条件时，应对土路肩进行加固、防护、硬化处理，提高土路肩抗冲刷能力，增大道路硬化宽度，提高道路行车安全性。

农村公路的路肩宽度应符合表4-4、表4-5的规定，并符合下列规定：

右侧硬路肩宽度表　　表4-4

公路等级	一级公路（干线）		二级公路		三级公路、四级公路及等外公路		
设计速度（km/h）	100	80	80	60	40	30	20
一般值（m）	3.00（2.50）	3.00（2.50）	1.50	0.75	—	—	—
最小值（m）	1.50	1.50	0.75	0.25	—	—	—

土路肩宽度表　　表4-5

<table>
<tr><td>公路等级</td><td colspan="2">一级公路（干线）</td><td colspan="2">二级公路</td><td colspan="3">三级公路、四级公路及等外公路</td></tr>
<tr><td>设计速度（km/h）</td><td>100</td><td>80</td><td>80</td><td>60</td><td>40</td><td>30</td><td>20</td></tr>
<tr><td>一般值（m）</td><td>0.75</td><td>0.75</td><td>0.75</td><td>0.75</td><td rowspan="2">0.75</td><td rowspan="2">0.5</td><td rowspan="2">0.25（双车道）
0.50（单车道）</td></tr>
<tr><td>最小值（m）</td><td>0.75</td><td>0.75</td><td>0.50</td><td>0.50</td></tr>
</table>

注：1. 正常情况下，应采用“一般值”；在设置爬坡车道、变速车道及超车道路段，受地形、地物限制路段及多车道公路、特大桥，可论证采用“最小值”。

2. 作为干线的一级公路以通行小客车为主时，右侧硬路肩宽度可采用括号内的数值。

（1）一级公路应在右侧硬路肩宽度内设右侧路缘带，其宽度为0.50m。

（2）一级公路采用分离断面时，应设置左侧硬路肩，其宽度不小于表4-6的规定。左侧硬路肩宽度包含左侧路缘带宽度。

分离式一级公路左侧路肩宽度　　表4-6

设计速度（km/h）	100	80	60
左侧硬路肩宽度（m）	1.00	0.75	0.75
左侧土路肩宽度（m）	0.75	0.75	0.50

八车道及以上的一级公路宜设置左侧硬路肩，其宽度不小于2.5m。左侧硬路肩宽度包含左侧路缘带宽度。

4.3.5　爬坡车道

一级公路及二级公路的连续上坡路段，当通行能力、运行安全受到影响时，应设置爬坡车道。爬坡车道宽度不应小于3.5m。

一级公路在实际应用中，应研究大型车所占比率对通行能力的影响，同时还要分析建设投资、行驶费用、主体经济效益等，以确定是否设爬坡车道。

二级公路交通量相对较小，但设置爬坡车道后，可保证通行能力和行车安全，行车和安全大为改善，因此，二级公路必要时也应设置爬坡车道。

爬坡车道应紧靠外侧车道设置，可利用硬路肩宽度，外侧应设置路缘带和土路肩。爬坡车道宽度应为3.5m。

4.3.6　避险车道

当路段的平均纵坡大于或等于4%,纵坡连续长度大于或等于3km,交通组成中的大、中型载重汽车占50%以上,且载重车缺少辅助制动装置的路段,在危险及运行安全处应设置避险车道。

避险车道宜修建在直线上或失控车辆不能安全转弯的主线弯道之前,同时应避开人口稠密区,以保证其他车辆、失控车辆、及时人员以及坡道下方居民的安全。

避险车道应结合交通安全评价论证设置,其宽度一般不小于4.5m。

4.3.7　错车道

当路基宽度小于4.5m时,应在不大于300m的距离内选择有利地点设置错车道,并使驾驶者能看到相邻两错车道之间的车辆。设置错车道路段的路基宽度应不小于6.5m,有效长度不小于20m。

4.3.8　紧急停车带

一级公路的硬路肩宽度小于2.5m时,应设置紧急停车带。紧急停车带的间距不宜大于2km,宽度一般为5m(含硬路肩),有效长度一般为50m,并设置100m和150m左右的过渡段。

一级公路的特长桥梁、隧道,根据需要可设置紧急停车带,其间距不宜大于750m。

二级公路可根据需要设置紧急停车带,其间距按实际情况确定。

4.3.9　加(减)速车道

一级公路的互通立交、服务区、停车区、公共汽车停靠站、管理与养护设施等与主线相衔接处,应设置加速车道和减速车道,车道宽度应为3.5m。

4.3.10　侧分隔带、非机动车道及人行道

在村镇、非机动车以及行人密集路段,可根据需要设置侧分带、非机动车道及人行道。目前,现行的标准规范未给出相应的设置标准,可根据《城市道路工程设计规范》(CJJ 37—2012)进行分析、论证后设置。

4.4　路基高度

4.4.1　路基设计洪水频率

路基高度关系到道路的工程规模、投资、与被交路的的衔接等。适宜的路基高度,对保证道路耐久性、充分发挥道路的服务水平至关重要。路基高度与路基设计洪水频率密切相关。路基设计洪水频率见表4-7。

路基设计洪水频率　　表 4-7

公 路 等 级	一 级 公 路	二 级 公 路	三 级 公 路	四级公路及等外公路
设计洪水频率	1/100	1/50	1/25	按具体情况确定

城市周边地区的公路路基设计洪水频率应结合城市防洪标准，考虑救灾通道、排洪和泄洪需求综合确定。

4.4.2　路基高度

路基高度是指路基边缘与地面高程与比较界面的相对高差。

路基高度应使路肩边缘高出路基两侧地面积水的高度，同时考虑地下水、毛细水和冰冻的作用，不使其影响路基的强度和稳定性。

沿河及受水淹的路基高度，应不低于路基设计洪水频率的水位加壅水高度、波浪侵袭高和 0.5m 的安全高度，这是确定路基高度的基本要求。一般情况下，以此确定路基高度，可保证对道路的正常运营。

但因地形、地物的限制，有时无法达到上述要求，或工程量巨大，因此对四级及以下等级较低的公路，可因地制宜，结合道路的具体情况，采用漫水路基、漫水桥等形式，以降低工程规模、降低造价，但应在适当位置设置必要的标志、防护设施等，确保行车、行人安全。

4.5　路拱坡度及超高

4.5.1　路拱坡度

设置路拱是为了满足路面排水需要、提供车辆转弯向心力，一般情况下道路应设置路拱。路拱一般采用双向路拱坡度，中等降雨地区，路拱坡度宜为 2%；降雨强度较大地区，路拱坡度可适当增大。特殊路段，可根据实际情况，设置平坡、单向坡，并应设置与双向路拱的过渡段和必要的标志，对驾驶员起到警示、提醒作用，超高路段不得设置反向路拱。

一般情况下，路拱宜采用双向路拱坡度，由路中间向两侧倾斜。位于中等强度降雨地区时，路拱坡度宜为 2%；位于降雨强度较大地区时，路拱坡度可适当加大。

分离式路基的路拱，宜采用单向横坡，并向路基外侧倾斜。积雪、冰冻地区，宜采用双向路拱坡度。六车道及以上的一级公路，当超高过渡段的路拱坡度过于平缓时，可设置两个路拱。

二级及以下公路的路拱应采用双向路拱坡度，有路中间向两侧倾斜，路拱坡度应根据路面类型和当地自然条件确定，但不应小于 1.5%。

4.5.2　超高

各级道路应根据平曲线指标、地形、地物等情况，设置适当的超高。超高应按照平曲线半径、设计速度、自然条件等经计算确定。适当的超高对行车安全、舒适至关重要，但过大的超高，即使在正常天气条件下，也会对行车安全不利，最大超高应予以限制。

公路圆曲线半径小于“不设超高最小半径”的规定值时,应设置圆曲线超高。

(1)一般地区,圆曲线最大差高应采用8%。

(2)积雪、冰冻地区,最大超高值应采用6%。

(3)以通行中、小型客车为主的一级公路,最大超高可采用10%。

(4)城镇区域公路,最大超高值可采取4%。

道路设置超高后,在由双向路拱过渡到单向路拱的过程中,应设置适宜的超过渐变率,以满足行车安全、舒适的需要。过大的超高渐变率不利于行车安全、舒适,过小的超高渐变率对路面排水不利,降雨季节排水不畅,也不利于行车安全。

各级公路超高渐变率应符合表4-8。

超 高 渐 变 率　　表4-8

设计速度(km/h)	旋转轴为中线	旋转轴为边线
100	1/225	1/175
80	1/200	1/150
60	1/175	1/125
40	1/150	1/100
30	1/125	1/75
20	1/100	1/50

4.6　圆曲线加宽

双车道公路平曲线半径小于250m时,应设置加宽,加宽是考虑车辆占用路面面积增大、减小对临近车道影响的需要,加宽应在圆曲线内侧路面进行,路基也应相应加宽。单车道公路加宽可根据实际情况进行,当路面加宽条件困难时,可进行土路肩硬化处理。

超高及加宽均应设置过渡段,过渡段最小长度应符合渐变率1∶15且不小于10m的要求。四级及以下公路允许将加宽渐变段设置在直线或曲线上,但插入曲线的长度不得超过渐变段长度的一半,对因设置加宽路基路面边缘出现明显折线时,应设置圆弧,对路面边缘进行圆滑处理。

双车道路面加宽值应符合表4-9,单车道公路路面加宽值应为表4-9规定值的一半。

双车道路面加宽值　　表4-9

加宽类别	半径(m)/汽车轴距加前悬(m)	250~200	200~150	150~100	100~70	70~50	50~30	30~25	25~20	20~15
1	5	0.4	0.6	0.8	1.0	1.2	1.4	1.8	2.2	2.5
2	8	0.6	0.7	0.9	1.2	1.5	2.0	—	—	—
3	5.2+8.8	0.8	1.0	1.5	2.0	2.5	—	—	—	—

4.7　平面、纵断面线形

4.7.1　平面线形

农村公路的平面线形应因地制宜，充分利用地形、地势、地物，宜直则直，宜弯则弯，不得为追求曲线比例而故意设置曲线，在不较大增加工程量的情况下，应采用较高的平面线形指标，保证行车安全和道路服务水平，也为未来提升道路等级预留条件。平曲线半径一般不采用规定的最小半径，最小半径是相应道路等级、设计速度对应的、不得已而采用的指标，该指标虽然基本满足行车需要，但是整个道路的“短板”和“瓶颈”，降低了道路的服务水平，也对行车安全不利。因此，一般情况下不应采用极限值，采用较大的平曲线半径，可确保道路服务水平、保证行车安全、为道路提升改造预留条件。

线与圆曲线之间，应根据公路等级要求设置回旋线，回旋线的最小长度应满足道路设置超高、加宽的需要，同时还要与圆曲线半径、圆曲线长度相协调，避免出现”C 形”曲线。四级及以下公路直线与圆曲线、圆曲线与圆曲线可直接搭接，但直接搭接的圆曲线，半径应大致相当，特殊情况下大小半径之比不应大于 2。

当平曲线半径较大时，考虑设计、施工的方便，可不设置超高，路拱采用双向路拱。

各级公路圆曲线最小半径应符合表 4-10 的规定。

圆曲线最小半径　　表 4-10

设计速度(km/h)	100	80	60	40	30	20
最大超高值 10%	360	220	115	—	—	—
最大超高值 8%	400	250	125	60	30	15
最大超高值 6%	440	270	135	60	35	15
最大超高值 4%	500	300	150	65	40	20
路拱≤2%，不设超高最小半径(m)	4 000	2 500	1 500	600	350	150
路拱 >2%，不设超高最小半径(m)	5 250	3 350	1 900	800	450	200

各级公路的平曲线的长度应适宜，特别是不应出现较短的平曲线，平曲线较短视觉上会出现急促转弯的现象，对行车安全不利，因此各级公路应对平曲线的最小长度有所限制，避免视觉错误，减少交通意外事故。

各级公路平曲线最小长度应符合表的 4-11 规定。

各级公路平曲线最小长度　　表 4-11

设计速度(km/h)	100	80	60	40	30	20
一般值(m)	500	400	300	200	150	100
最小值(m)	170	140	100	70	50	40

当路线转角(α)小于等于 7°时，应设置较长的平曲线，以改善行车视觉效果，避免导致驾驶员出现急速转弯的感觉，而急促操作出现事故。当 $\alpha<2°$时，按 $\alpha=2°$计算。

公路转角小于等于 7°时的平曲线长度，应符合表 4-12 的规定。

公路转角小于等于 7°时的平曲线长度　　表 4-12

设计速度(km/h)	100	80	60	40	30	20
平曲线长度(m)	1 200/α	1 200/α	1 200/α	1 200/α	1 200/α	1 200/α

4.7.2　纵断面线形

考虑载重汽车的爬坡性能和公路通行能力，农村公路纵断面线形以控制最大纵坡为主要内容，纵坡一般宜平缓，路基段纵坡应严格控制纵坡大小；桥梁上的纵坡要考虑结构受力和构造方面的要求，桥梁引道纵坡应同桥上纵坡一致；隧道纵坡应考虑汽车废气的排放，纵坡宜小于 3%。

相对高差为 200 ~ 500m 时，平均纵坡不应大于 5.5%；相对高差大于 500m 时，平均纵坡不应大于 5%；且任意连续 3km 路段的平均纵坡不应大于 5.5%。

连续上坡或连续下坡时，应在不大于最大坡长之间设置缓和坡段。缓和坡段的纵坡不应大于 3%。

为保证道路的服务水平及运营安全，各级公路应控制最大纵坡，最大纵坡应符合表 4-13的规定。

各级公路最大纵坡　　表 4-13

设计速度(km/h)	100	80	60	40	30	20
最大纵坡(%)	4	5	6	7	8	9

道路坡长太短、变化频繁，对行车安全性、舒适性影响较大，因此应对各级公路、不同设计速度条件下的坡长进行限制，以提高道路的服务水平及运营安全性，应根据道路实际，合理确定坡长。各级公路最小坡长应符合表 4-14 的规定。

各级公路最小坡长　　表 4-14

设计速度(km/h)	100	80	60	40	30	20
最小坡长(%)	250	200	150	120	100	60

纵坡变化处均应设置竖曲线，竖曲线与平曲线不同，竖曲线越大越有利益行车舒适和安全，而平曲线的最大半径不宜超过 10 000m，在设计和施工时，应尽量采用大半径竖曲线，不得已时可适当减小竖曲线半径，但竖曲线半径不应采用最小半径，各级公路竖曲线最小半径与竖曲线长度应符合表 4-15 的规定。

各级公路竖曲线最小半径与竖曲线长度　　表 4-15

设计速度(km/h)	100	80	60	40	30	20
凸型竖曲线最小半径(m)	6 500	3 000	1 400	450	250	100
凹形竖曲线最小半径(m)	3 000	2 000	1 000	450	250	100
竖曲线长度(m)	85	70	50	35	25	20

4.4.3　平纵横组合设计

1. 平面线形

各级公路平面线形是道路的工程规模、服务水平的重要决定因素，根据地形地物做好平面线形的布设至关重要，平面线形应根据地形、地物限制合理布设。在道路的平面线形设计中应注意以下问题：

（1）不论转角大小均应设置平曲线，并宜选用较大的圆曲线半径，必须按规定设置足够长度的平曲线。

（2）两同向圆曲线之间应设置足够长度的直线，否则应设置为单曲线或复曲线。

（3）两反向曲线间不应设置短直线，否则应调整现形为S形曲线。

（4）设计速度≤40km/h的双车道公路，反向圆曲线无超高时可直接衔接，有超高时圆曲线间的直线长度不应小于15m。

（5）应避免连续急弯的线形，不得已而设置时，应设置规定的直线长度或缓和曲线。

（6）圆曲线应与地形、地物适应，以采用超高为2%～4%的圆曲线半径为宜。

2. 纵断面线形

纵断面线形设计应根据地形、地物限制合理布设，并以合理控制纵坡为重点，与环境相协调，避免大填大挖，并考虑上坡的难度和下坡的安全，具体应注意以下问题：

（1）纵断面设计应与地形相适应，与周围环境相协调。

（2）连续上坡路段的纵断面设计，除上坡方向应符合规范要求外，还应考虑下坡方向的行驶安全。

（3）平交口处的纵坡应平缓。

（4）积雪、冰冻以及其他特殊路段，应避免采用陡坡。

（5）纵坡应力求均匀，不应采用接近最大值的陡坡，更不宜采用不同纵坡最大坡长值的陡坡夹短距离缓坡的形式。

（6）应采用大半径竖曲线，条件受限时可采用一般值，不得已时方可采用极限值。

3. 平纵面组合设计

平纵组合设计的原则为“相互对应”，且平曲线稍微长于竖曲线，即所谓的“平包竖”，一般来说，习惯做法是先进行平面线形设计，再进行纵断面设计。因此，做好平纵组合设计，在做平面线形设计时，就要考虑到纵断面线形问题，在做纵断面设计时，就要考虑到如何与平面线形相协调。

（1）各级公路应尽量对平纵进行组合设计，使线形流畅、与地形地物相协调、利于行车舒适安全。

（2）线形组合设计，尽量满足平曲线相互对应，条件困难时，也可以部分对应、部分位于平曲线范围以外的方式，但平曲线与竖曲线完全分离的方式，宜尽量避免。

（3）长直线不宜与陡坡、小半径、短竖曲线组合。

（4）长的竖曲线内不易设置半径小的平曲线。

（5）凸形竖曲线的顶部或凹形竖曲线的底部，不宜同反向平曲线的拐点重合。

(6)桥梁、隧道的线形应与路线线形相协调,且连续、流畅。

4.8　视距

农村公路宜尽量满足停车视距要求,对部分无法满足的路段,应进行必要的安全设施设置,进行警示和提醒,以利安全。对向行驶的二级及以下公路,还要考虑两辆汽车会车制动停车的视距,会车视距应不小于停车视距的 2 倍。若受限制,无法保证会车视距时,可采用停车视距,但该路段应采取画线、隔离等措施,实行分道行驶。

二级及以下公路应根据道路实际情况,设置满足超车视距要求的超车路段,满足车辆超车需要。

各级公路视距应符合表 4-16、表 4-17 的规定。

一级公路停车视距　　表 4-16

设计速度(km/h)	100	80	60	40	30	20
停车视距(m)	160	110	75	40	30	20

二级及以下公路视距　　表 4-17

设计速度(km/h)	80	60	40	30	20
停车视距(m)	110	75	40	30	20
会车视距(m)	220	150	80	60	40
超车视距(m)	550	350	200	150	100

4.9　休息、观景平台

农村公路建设时,可根据地形、地势、景观等情况,设置路侧休息(观景)平台,供连续运行时间较长的车辆适当检查、休息。休息(观景)平台处应设置棚、亭、座椅、厕所等设施,条件具备时可设置小卖部,供驾乘人员休息、购买土特产等。

休息平台应设置在路基较宽、视距良好的路段,有效宽度一般不小于 4m,有效长度不小于 15m。

4.10　路线交叉

4.10.1　公路与公路平面交叉

(1)农村公路与其他道路交叉时,应根据公路网规划、地形和地质条件、相交公路的公路功能、技术等级、交通量、交通管理方式和用地条件等确定。

(2)平面交叉的交通管理方式分为主路优先、无优先交叉和信号交叉三种,应根据相交公路的功能、技术等级、交通量等确定所采用的方式。

(3)平面交叉宜为直角,必须斜交时,交叉角度应大于 45°。同一位置平面交叉岔数不宜多于 5 条。

(4)相交公路的技术等级或交通量相近时,平面交叉范围内的设计速度可适当降低,但不宜低于路段设计速度的70%。平面交叉右转弯车道设计速度不宜大于40km/h;左转弯车道设计速度不宜大于20km/h。

(5)三级及以上的公路平面交叉均应进行渠化设计,设置必要的渠化、导流、转弯车道、辅助车道等交叉方案;四级及以下公路平面交叉时,应根据交通量、地形地物等情况,设置平交口、平面接入口等交叉形式;被交路为一般的生产路时,可采用直接顺接的方式。

4.10.2 公路与公路立体交叉

(1)一级公路与交通量较大的公路交叉时,应采用立体交叉;二、三、四级公路间的交叉,直行交通量较大时,宜采用立体交叉。

干线功能的一级公路与其他干线公路和计算公路交叉时,应设置互通式立体交叉。

一级公路采用平面交叉冲突交通量较大,通过渠化或信号控制仍不能满足通行能力要求时。

(2)当交叉公路带有非机动车道时,纵坡不宜大于2.5%,当条件受限时,不应大于3.5%。当纵坡大于或等于2.5%时,坡长应小于表4-18的规定值。

带非机动车道路段纵坡大于或等于2.5%时的最大坡长 表4-18

纵坡(%)	3.5	3.0	2.5
坡长(m),自行车	150	200	300
坡长(m),三轮车	—	100	150

4.10.3 公路与铁路交叉

(1)二级及以上公路与铁路交叉、与设计行车速度大于120km/h的铁路交叉、受条件限制采用平面交叉会危机行车安全时,均应设置立体交叉,交叉角度宜大于60°。

(2)公路、铁路平面交叉时,宜为正交;必须斜交时,交叉角度应大于45°,且道口应符合侧向瞭望的规定。

(3)公路与铁路平行相邻时,铁路用地界与一、二级公路用地界间距不应小于15m,与三级及以下公路用地界间距不应小于5m。

4.10.4 公路与乡村道路交叉

公路与乡村道路的交叉位置、形式、间距等的确定,应考虑县、乡(镇)土地利用总体规划中农业耕作机械需求。必要时,应结合规划,对农业机耕道作适当调整或归并。

(1)一级公路与乡村道路相交宜设置通道或天桥;二级及以下公路与乡村道路相交应设置平面交叉;地形条件有利或公路交通量较大时,宜设置通道或天桥。

(2)公路与乡村道路平面交叉时,应对被交路交叉范围一定长度的路段进行改造,使其达到四级公路的标准。

(3)二级及以上公路位于城镇或人口稠密的村落或学校附近时,宜设置专供行人横向通行的地道或天桥。

(4)通行拖拉机、畜力车时,通道净高应不小于2.7m;通行农用汽车时,通道净高应不小于3.2m;通道净宽应根据交通量和农用机械类型选用,一般不小于4.00m;通道过长或敷设排水渠时,宜视情况加宽。人行通道净高应不小于2.2m;净宽应不小于4.00m。

车行天桥桥面净宽按交通量和农用机械类型选用,一般可选用4.50m或7.00m;其汽车荷载应根据通行车辆的实际、结合技术标准规范确定。人行天桥的桥面净宽应大于或等于3.00m。

4.10.5 与各类管线交叉

农村公路与各类管线交叉时,应按照相关要求,采用适宜的跨越、穿越方案,并设置标志桩,各类管线不得侵入公路建筑界限,不得妨碍公路交通安全,不得损害公路的构造和设施。

(1)与电力线交叉时,以垂直交叉为宜。必须斜交时,其交叉角度应大于45°。110kV及以下电力线距路面最小垂直距离为7m,110~220kV电力线距路面最小垂直距离为8m,330kV电力线距路面最小垂直距离为9m,500kV电力线距路面最小垂直距离为14m。

(2)公路与原油、天然气管道与道路交叉时,以垂直交叉为宜。必须斜交时,其交叉角度应大于30°。下穿公路时,应设置地下通道(涵)或套管。

严禁易燃、易爆、高压等管线设施利用或通过公路桥梁和隧道。原油、天燃气管道穿(跨)越河流时,管道距离大桥的距离不应小于100m,距中桥不应小于50m。

4.10.6 动物通道

公路应结合沿线放牧及野生动物迁徙需要,选择合理位置设置必要的动物通道。动物通道可根据沿线动物类型,采用适宜的通道形式和标准。

参考文献

[1] 中华人民共和国行业标准. JTG B01—2014　公路工程技术标准[S]. 北京:人民交通出版社,2014.

[2] 中华人民共和国行业标准. JTG D20—2006　公路路线设计规范[S]. 北京:人民交通出版社,2006.

[3] 中华人民共和国行业标准. JTG C10—2007　公路勘测规范[S]. 北京:人民交通出版社,2007.

[4] 中华人民共和国行业推荐性标准. JTG/T C10—2007　公路勘测细则[S]. 北京:人民交通出版社,2007.

[5] 中华人民共和国行业标准. JTG/T B05—2004　公路项目安全性评价指南[S]. 北京:人民交通出版社,2004.